Klassik für Kinder

29 leichte Stücke für Sopranblockflöte und Klavier

Classical Music for Children

29 Easy Pieces for Descant Recorder and Piano

Musique classique pour les enfants

29 pièces faciles pour flûte à bec soprano et piano

Herausgegeben von / Edited by / Edité par
Elisabeth Kretschmann

ED 22399
ISMN 979-0-001-15897-8
ISBN 978-3-7957-0905-1

www.schott-music.com

Mainz · London · Berlin · Madrid · New York · Paris · Prague · Tokyo · Toronto
© 2016 SCHOTT MUSIC GmbH & Co. KG, Mainz · Printed in Germany

Impressum:
Bestellnummer: ED 22399
ISMN 979-0-001-15897-8
ISBN 978-3-7957-0905-1
Cover: Andreas Schürmann
Printed in Germany · BSS 57343

Inhalt / Contents

Vorwort

Dieses Heft „Klassik für Kinder" enthält 29 leichte und ansprechende Werke für Blockflöte und Klavier aus vier Jahrhunderten. Es wurden nicht nur Originalstücke für Bockflöte ausgesucht, sondern auch viele beliebte Melodien berühmter klassischer Komponisten. Durch das Nachspielen dieser bekannten musikalischen Themen eröffnet sich ein neuer Zugang zu den Meisterwerken der Konzertliteratur.

Einige der leichten Stücke können schon ab dem zweiten Unterrichtsjahr gespielt werden, als motivierende Ergänzung parallel zur Blockflötenschule. Etwas fortgeschrittenere Schülerinnen und Schüler haben auch die Möglichkeit, ihre spieltechnischen Grundlagen zu vertiefen und sich weiterzuentwickeln.

Das Heft ist mit und ohne CD erhältlich. Die CD soll einen ersten Klangeindruck vermitteln und das Erlernen der Stücke erleichtern. Die separate Klavierbegleitung ermöglicht auch das Musizieren ohne eigenen Partner. Die Stücke wurden in gemäßigtem Tempo eingespielt, damit das Mitspielen zum Klavierpart erleichtert wird.

Einige der Klavierbegleitungen sind bewusst leicht gesetzt, damit sie auch von Schülerinnen und Schülern ausgeführt werden können. Dadurch wird das Zusammenspiel gefördert und es entsteht die Möglichkeit, dass Schüler die Stücke bei Auftritten gemeinsam mit Freude musizieren.

Elisabeth Kretschmann

Preface

This book of Classical Music for Children contains twenty-nine easy and appealing pieces for recorder and piano spanning four centuries. The selection includes not only original pieces for recorder, but many other popular melodies, too, by famous classical composers. Learning to play these well-known musical themes offers an introduction to the masterpieces of the concert repertoire.

Some of these easy pieces can be played by students only in their second year of tuition, providing additional motivation alongside a recorder tutorial method. Slightly more advanced students may also take the opportunity to consolidate their technical skills and make further progress.

This book is also available with an accompanying CD. The CD is intended to give an initial impression of the sound of the pieces to facilitate learning them. The separately recorded piano accompaniment also makes it possible to play through the pieces without an accompanist. The pieces have deliberately been recorded at moderate tempo, making it easier to play along with the piano part.

Some of the piano accompaniments are very easy, designed so that young students can play them, too. This will encourage young students to play together – and perhaps enjoy performing these pieces together at concerts.

Elisabeth Kretschmann
Translation Julia Rushworth

Rondo

Tilman Susato
(1500–1562)
Klaviersatz: Elisabeth Kretschmann

8

Bourrée 1

Michael Praetorius
(1571–1621)
Klaviersatz: Elisabeth Kretschmann

Bourrée 2

Bourrée 2

Michael Praetorius
(1571–1621)
Klaviersatz: Elisabeth Kretschmann

D. C. Bourrée 1 ad lib.
(senza ripetizione)

Allemande

Johann Hermann Schein
(1586–1630)
Klaviersatz: Elisabeth Kretschmann

La Bergamasca

Marco Uccellini
(1603–1680)
Bearbeitung: Elisabeth Kretschmann

*) 4 Takte Klaviervorspiel ad lib. / 4 bars piano prelude ad lib.

Argeers

John Playford
(1623–1686)
Bearbeitung: Vera Mohrs

Aus wendetechnischen Gründen bleibt diese Seite frei.
This page is left blank to save an unnecessary page turn.
On laisse une page blanche pour faciliter la tourne.

Prélude

Marc-Antoine Charpentier
(1634–1704)
Klaviersatz: Friedrich Neumann

aus / from: M.-A. Charpentier, Te Deum

Menuett

Johann Fischer
(1646–1716)
Klaviersatz: Vera Mohrs

Air

Michel-Richard Delalande
(1657–1726)
Klaviersatz: Vera Mohrs

Contredance

Michel-Richard Delalande
(1657–1726)
Klaviersatz: Vera Mohrs

Allegro

aus / from: Der Frühling / Spring

Antonio Vivaldi
(1678–1741)
Bearbeitung: Peter Mohrs

aus / from: A. Vivaldi, Die vier Jahreszeiten / The Four Seasons, op. 8/1

Aria

Johann Sebastian Bach
(1685–1750)
Bearbeitung: Peter Mohrs

aus / from: J. S. Bach, Die Bauernkantate / The Peasant Cantata

Bourrée

Georg Friedrich Händel
(1685–1759)
Klaviersatz: Vera Mohrs

aus / from: G. F. Händel, Wassermusik / The Water Music

La Réjouissance

Georg Friedrich Händel
(1685–1759)
Bearbeitung: Peter Mohrs

aus / from: G. F. Händel, Feuerwerksmusik / The Musick of the Royal Fireworks

Klassik für Kinder

29 leichte Stücke für Sopranblockflöte und Klavier

Classical Music for Children

29 Easy Pieces for Descant Recorder and Piano

Musique classique pour les enfants

29 pièces faciles pour flûte à bec soprano et piano

Herausgegeben von / Edited by / Edité par
Elisabeth Kretschmann

ED 22399
ISMN 979-0-001-15897-8
ISBN 978-3-7957-0905-1

Sopranblockflöte

www.schott-music.com

Mainz · London · Berlin · Madrid · New York · Paris · Prague · Tokyo · Toronto

Inhalt / Contents

Rondo

Tilman Susato
(1500–1562)

Bourrée 1

Michael Praetorius
(1571–1621)

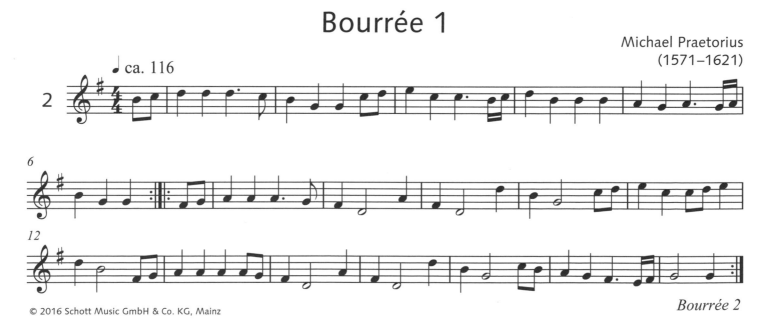

Bourrée 2

Bourrée 2

Michael Praetorius
(1571–1621)

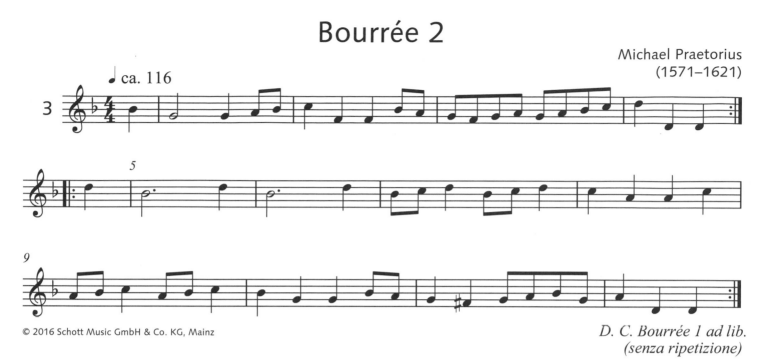

D. C. Bourrée 1 ad lib.
(senza ripetizione)

Allemande

Johann Hermann Schein
(1586–1630)

La Bergamasca

Marco Uccellini
(1603–1680)

*) 4 Takte Klaviervorspiel ad lib. / 4 bars piano prelude ad lib.

Argeers

John Playford
(1623–1686)

Prélude

Marc-Antoine Charpentier
(1634–1704)

aus / from: M.-A. Charpentier, Te Deum

Menuett

Johann Fischer
(1646–1716)

Air

Michel-Richard Delalande
(1657–1726)

Contredance

Michel-Richard Delalande
(1657–1726)

8

Allegro

aus / from: Der Frühling / Spring

Antonio Vivaldi
(1678–1741)

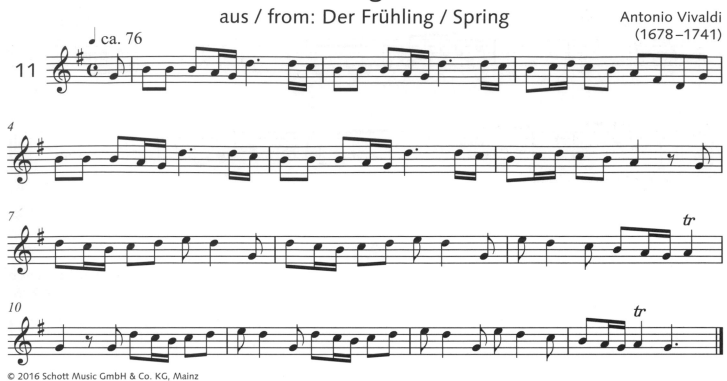

aus / from: A. Vivaldi, Die vier Jahreszeiten / The Four Seasons, op. 8/1

Aria

Johann Sebastian Bach
(1685–1750)

aus / from: J. S. Bach, Die Bauernkantate / The Peasant Cantata

Bourrée

Georg Friedrich Händel
(1685–1759)

13

aus / from: G. F. Händel, Wassermusik / The Water Music

La Réjouissance

Georg Friedrich Händel
(1685–1759)

14

aus / from: G. F. Händel, Feuerwerksmusik / The Musick of the Royal Fireworks

Sarabande

Georg Friedrich Händel
(1685–1759)

aus / from: G. F. Händel, Rinaldo

Bourrée

Johann Adolf Hasse
(1699–1783)

Bourlesque

Leopold Mozart
(1719–1787)

Andante

Joseph Haydn
(1732–1809)

aus / from: J. Haydn, Sinfonie mit dem Paukenschlag, Nr. 94 / Surprise Symphony, No. 94

Eine kleine Nachtmusik /
A Little Night Music

(Thema / Theme)

Wolfgang Amadeus Mozart
(1756–1791)

„Der Vogelfänger bin ich ja" /
The Bird Catcher's Song

Wolfgang Amadeus Mozart
(1756–1791)

*) Klavier ad lib. statt Blockflöte / Piano ad lib. instead of recorder

aus / from: W. A. Mozart, Die Zauberflöte / The Magic Flute

„Freude schöner Götterfunken" / Ode to Joy

Ludwig van Beethoven
(1770–1827)

aus / from: L. van Beethoven, Symphonie Nr. 9 / Symphony No. 9

Für Elise
(Thema / Theme)

Ludwig van Beethoven
(1770–1827)

La donna è mobile

Giuseppe Verdi
(1813–1901)

*) Original: immer / always

aus / from: G. Verdi, Rigoletto

Cancan

Jacques Offenbach
(1819–1880)

aus / from: J. Offenbach, Orpheus in der Unterwelt / Orpheus in the Underworld

Guten Abend, gut' Nacht

Johannes Brahms
(1840–1893)

Schwanensee / Swan Lake
(Thema / Theme)

Peter Tschaikowsky
(1840–1893)

© 2016 Schott Music GmbH & Co. KG, Mainz

Morgenstimmung / Morning Mood

Edvard Grieg
(1843–1907)

© 2016 Schott Music GmbH & Co. KG, Mainz

T./b. 2, 6, 14   T./b. 10

*) Original: **) Original:

aus / from: E. Grieg, Peer Gynt Suite op. 46

Pomp and Circumstance
(March)

Edward Elgar
(1857–1934)

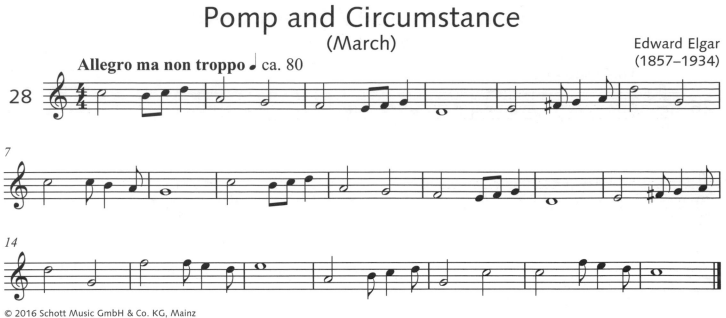

28 Allegro ma non troppo ♩ ca. 80

To a Wild Rose

Edward MacDowell
(1860–1908)

29 Semplice, con tenerezza ♩ ca. 64

aus / from: E. MacDowell, Amerikanische Wald-Idyllen / Woodland Sketches, op. 51/1

Sarabande

Georg Friedrich Händel
(1685–1759)
Klaviersatz: Vera Mohrs

15

Fine

D. C. al Fine

aus / from: G. F. Händel, Rinaldo

Bourrée

Johann Adolf Hasse
(1699–1783)
Klaviersatz: Alfred Moffat

Bourlesque

Leopold Mozart
(1719–1787)
Klaviersatz: Vera Mohrs

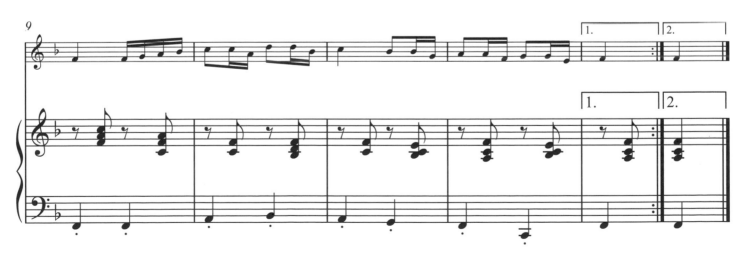

Andante

Joseph Haydn
(1732–1809)
Klaviersatz: Wolfgang Birtel

aus / from: J. Haydn, Sinfonie mit dem Paukenschlag, Nr. 94 / Surprise Symphony, No. 94

Eine kleine Nachtmusik / A Little Night Music

(Thema / Theme)

Wolfgang Amadeus Mozart
(1756–1791)
Bearbeitung: Elisabeth Kretschmann

„Der Vogelfänger bin ich ja" / The Bird Catcher's Song

Wolfgang Amadeus Mozart
(1756–1791)
Bearbeitung: Wolfgang Birtel

*) Klavier ad lib. statt Blockflöte / Piano ad lib. instead of recorder
aus / from: W. A: Mozart, Die Zauberflöte / The Magic Flute

„Freude schöner Götterfunken" / Ode to Joy

Ludwig van Beethoven
(1770–1827)
Bearbeitung: Wolfgang Birtel

aus / from: L. van Beethoven, Symphonie Nr. 9 / Symphony No. 9

Für Elise
(Thema / Theme)

Ludwig van Beethoven
(1770–1827)
Bearbeitung: Elisabeth Kretschmann

La donna è mobile

Giuseppe Verdi
(1813–1901)
Bearbeitung: Vera Mohrs

*) Original: immer / always

aus / from: G. Verdi, Rigoletto

Cancan

Jacques Offenbach
(1819–1880)
Bearbeitung: Vera Mohrs

aus / from: J. Offenbach, Orpheus in der Unterwelt / Orpheus in the Underworld

Guten Abend, gut' Nacht

Johannes Brahms
(1840–1893)
Bearbeitung: Vera Mohrs

Schwanensee / Swan Lake
(Thema / Theme)

Peter Tschaikowsky
(1840–1893)
Bearbeitung: Vera Mohrs

Morgenstimmung / Morning Mood

Edvard Grieg
(1843–1907)
Klaviersatz: Günther Johannes Schmitz

aus / from: E. Grieg, Peer Gynt Suite op. 46

Pomp and Circumstance

(March)

Edward Elgar
(1857–1934)
Bearbeitung: Elisabeth Kretschmann

To a Wild Rose

Edward MacDowell
(1860–1908)
Bearbeitung: Wolfgang Birtel

Semplice, con tenerezza ♩ ca. 64

aus / from: E. MacDowell, Amerikanische Wald-Idyllen / Woodland Sketches, op. 51/1